SOMHAIRLE MÓR

An Chéad Chló 2009
© Vivian Uíbh Eachach 2009

ISBN 978-0-89833-239-1

Foras na Gaeilge

Tugann Foras na Gaeilge tacaíocht airgid do Leabhar Breac

*Tá Leabhar Breac buíoch as an gcabhair a fuair siad ó
Iomairt Cholmcille chun an leabhar seo a choimisiúnú*

Ealaín: Fran O'Boyle
Dearadh agus clóchur: Caomhán Ó Scolaí

Arna phriondáil ag Clódóirí Lurgan

Somhairle Mór

le Vivian Uíbh Eachach

LEABHAR BREAC

INSE GALL

GALLAIBH

AN tOILEÁN
SCÍTHEANACH

MUIRBHEARN
Ard Toirinis

MÚILE

ALBAIN

OILEÁN Í

OIREAR
GAEL

Dún Breatan

• Glaschú

ÍLE

Rinn Friú

CIONN TÍRE

Dún
Naomhóg

Mainistir
Shadal

GALLGHAELAIBH

SRUTH NA MAOILE

Doire

ÉIRE

MUIR MHEANN

FEAR
MANACH

Ard
Mhacha

OILEÁN
MHANANN

TIARNAS NA NOILEÁN
A.D.1150

Bhí solas na gealaí ag lonradh ar aghaidh gach duine sa long agus bhíodar go léir ina dtost. Ní raibh le cloisteáil ach buillí boga na maidí rámha agus iad ag gearradh go mall tríd an uisce. Bhí sé fuar — an-fhuar — agus bhí craiceann caorach á chaitheamh ag na fir go léir chun iad féin a chosaint ar shioc crua na hoíche. Bhí súil ghéar ag ceannaire na loinge ar réalt an tuaiscirt. Theastaigh uaidh a chúrsa a leanúint go cruinn i dtreo na sprice.

Timpeall ar an long, bhí suas le hochtó long eile, iad go léir mar a chéile agus iad go léir ag díriú ar an gceann scríbe céanna. Bhí gach bád ceangailte le bád eile le rópa fada chun an cabhlach a choimeád le chéile. Roimh bhreacadh an lae, bheadh an ceann scríbe bainte amach agus cath fíochmhar mara ar siúl. Chinnfeadh an cath sin cé a bheadh i gceannas ar oileáin na hAlban ar feadh na mblianta fada ina dhiaidh.

Longa fada ab ea na longa seo, iad lán go barr le trodaithe crua dea-armtha. Níor chuir oíche thaistil ar Mhuir Mheann aon scéin orthusan. Ba leo an fharraige, de lá agus d'oíche, agus mairg an té a rachadh amach ina gcoinne. Anocht, bhí suas le 2,000 duine acu ag tabhairt aghaidh ar oileán idir Éire agus Albain. Bhí na fir chrua seo ullamh chun buille marfach a bhualadh ar a namhaid agus ceannas na farraige ó Oileán Mhanann go dtí an tOileán Scítheanach a bhaint de. Ba é ainm an oileáin sin ná Íle agus ba é ainm an namhad ná Somhairle Mór.

Bhí dán ag na manaigh Ghaelacha an uair sin, lena gcuirfidís síos ar an eagla a bhí orthu roimh na Lochlannaigh. Ní choimeádfadh ach an aimsir ba mheasa na Lochlannaigh ó dhul ar an bhfarraige:

Is athghéar an ghaoth anocht
Croitear fionnfholt na farraige
Ní heagla teacht thar mhuir mhín
Laochra fiáine Lochlainne

Sea, Lochlannaigh ab ea na trodaithe mara seo, ach níorbh as Críoch Lochlann dóibh. Lochlannaigh Ghaelacha ab ea iad — daoine a bhí lonnaithe in Éirinn agus in Albain agus in Oileán Mhanann agus a bhí tar éis meascadh isteach leis na Gaeil agus éirí chomh Gaelach leo. Labhair na fir seo Gaeilge a raibh cuid mhaith den Lochlainnis measctha tríthi agus ghlacadar páirt cuid mhaith i gcóras polaitíochta na nGael. Gallghaeil a thugtaí orthu.

Timpeall ar an mbliain 1100, chaith na Lochlannaigh seo Giolla Bhríde mac Giolla Adhamhnáin, taoiseach Gaelach, amach as a chuid talún in Albain. Theith Giolla Bhríde agus a theaghlach go hÉirinn chun dídean a fháil óna ngaolta i gCúige Uladh. Ba as an teaghlach ársa Ultach, Colla Uais, a shíolraigh Giolla Bhríde agus a mhuintir, agus bhí gaol acu le muintir Mhág Uidhir agus muintir Mhic Mhathúna in iarthar agus i lár Chúige Uladh. Cuireadh fáilte roimh na hAlbanaigh i measc a muintire, agus d'fhan siad ansin roinnt blianta. Rugadh mac do Ghiolla Bhríde ann. Tar éis tamall de bhlianta, áfach, d'eagraigh

Mág Uidhir cruinniú i bhFear Manach chun cás Ghiolla Bhríde a phlé. Ag an gcruinniú sin, tháinig slua mór le chéile chun plean a cheapadh chun a thalamh in Albain a fháil ar ais do Ghiolla Bhríde.

Labhair an taoiseach Albanach go fearúil cróga lena ghaolta Éireannacha. Luaigh sé an ceangal fola a bhí eatarthu ag dul siar na céadta bliain. Ghabh sé a bhuíochas leo as a dtacaíocht in am an ghátair. D'iarr sé orthu na hacmhainní a thabhairt dó chun dul ar ais go hAlbain agus seilbh ar a chuid talún a bhaint amach arís. Bhí an slua timpeall air an-tógtha le caint Ghiolla Bhríde, agus bheartaigh siad gníomh a dhéanamh chun cabhrú leis. D'iarr Giolla Bhríde ar na hUltaigh buíon fear, a líonfadh an dún ina raibh an cruinniú ar siúl, a chur ar fáil dó. Dúirt sé gur leor an méid sin chun an lámh in uachtar a fháil ar a naimhde. Sa deireadh, cinneadh fórsa dhá chéad fear a chur ar fáil chun dul go hAlbain le Giolla Bhríde agus a naimhde a dhíbirt.

Bhí na Lochlannaigh i gceannas ar gach oileán ó Oileán Mhanann go dtí Inse Oirc agus ar chósta na hAlban ar fad ó Dhún Breatan sa deisceart go dtí

Gallaibh ar chósta an tuaiscirt. Na Gaeil a d'fhan sna ceantair sin, bhí orthu dul ar a gcoimeád sna coillte agus sna sléibhte. Ba é an talamh as ar díbríodh Giolla Bhríde ná Muirbhearn in Oirear Gael, fearann mór in iardheisceart na tíre, agus roinnt de na hoileáin amach ón gcósta. Talamh maith a bhí ansin agus bhí iascach den scoth sna haibhneacha agus san fharraige idir Oirear Gael agus na hoileáin. Ní raibh sé i gceist ag na Lochlannaigh scaoileadh leis an maoin sin gan troid mhór.

D'imigh buíon Ghiolla Bhríde as Cuan Dhún na nGall ar bháid chogaidh de chuid mhuintir Mháille. Saineolaithe i gcúrsaí bádóireachta ab ea na Máilligh. Nuair a bhain an bhuíon Albain amach, thuig Giolla Bhríde nach mbeadh sé furasta seilbh a fháil ar a chuid talún arís. Mar sin, a luaithe a tháinig sé i dtír go ciúin i ndeisceart Mhuirbhearn, d'eagraigh sé a chuid fórsaí timpeall ar uaimh mhór os cionn Ghleann Sanda, suas ó bhruacha Loch Álainn. Bhí an áit sin tábhachtach toisc go raibh radharc ón uaimh ar an ngleann go léir thíos faoi.

Toisc go raibh na fórsaí a bhí ina choinne chomh

láidir sin, bheartaigh Giolla Bhríde gan cath mór oscailte a chur ar an namhaid. Ina ionad sin, chuir sé feachtas treallchogaíochta ar bun ina n-aghaidh. D'ionsaigh Giolla Bhríde na Lochlannaigh nuair a d'oir sé dó féin agus, tar éis tamaill, bhí dochar mór déanta aige dóibh. De bharr go raibh sé lonnaithe in uaimh mhór le linn na tréimhse sin, tugadh Giolla Bhríde na hUaimhe mar leasainm air.

Ach bhraith Giolla Bhríde go raibh sé ag dul in aois agus ag éirí lag. Bheartaigh sé, mar sin, ceannasaíocht ar a chuid fórsaí a thabhairt dá mhac, an mac úd a rugadh i gCúige Uladh, Somhairle. Fear óg cliste ab ea Somhairle. Lochlannach ab ea a mháthair agus bhí eolas aige, dá bharr sin, ar chultúr na Lochlannach agus eolas aige faoina gcuid nósanna. A mháthair a roghnaigh an t-ainm Somhairle dó. Ainm Lochlannach ab ea é — *Sumarlidi* — agus ba é an bhrí a bhí leis ná 'taoiseach samhraidh', taoiseach atá i gceannas ar fheachtas cogaíochta samhraidh. Agus a athair ag dul in aois, bhí sé in am do Shomhairle teacht in inmhe.

Bhí Somhairle míshásta go raibh sé ag tógáil an fhad sin na Lochlannaigh a dhíbirt as tír a athar. Theastaigh uaidh géarú ar an gcogadh ina gcoinne. Níorbh fhada go bhfuair sé a dheis.

Lá amháin agus Somhairle agus díorma dá chuid ar a slí chun ionsaí a dhéanamh ar na Lochlannaigh in Ard Gabhar, d'éirigh leis an namhaid iad a thimpeallú. Ní raibh cuma mhaith ar chás Shomhairle agus a chuid fear. Ba líonmhaire i bhfad an namhaid ná fórsa Shomhairle agus bhí contúirt mhór ann. Dúirt Somhairle lena dhíorma fanacht socair tamall, fad a bhí seisean ag machnamh. Ansin, dúirt sé leo go raibh cleas ceaptha aige. D'ordaigh sé dóibh máirseáil a dhéanamh amach as an gcoill ina raibh siad agus isteach arís. Dúirt sé leo gach aon am a tháinig siad isteach sa choill a gcótaí a iompú sa tslí is go gceapfadh lucht faire na Lochlannach gur saighdiúirí difriúla ab ea iad. Bhí sé ag súil go dtabharfadh na Lochlannaigh tuairisc ar ais chuig a gcuid ceannairí go raibh slua an-mhór sa choill.

D'éirigh leis an gcleas. Nuair a chuala ceannairí

na Lochlannach go raibh slua chomh mór sin bailithe le chéile, d'éirigh siad imníoch. Bheartaigh siad fios a chur ar a thuilleadh fear sula ndéanfaidís ionsaí ar fhórsa Shomhairle. Bhí a dheis faighte ag Somhairle. Agus na Lochlannaigh ag fanacht le breis trodaithe, thug Somhairle a chuid fear amach as an gcoill de ruathar agus bhain geit as an namhaid. Cheap na Lochlannaigh go raibh ionsaí á dhéanamh orthu ag slua mór agus theith siad gach treo. Rinne fórsa Shomhairle slad orthu agus bhain siad bua cáiliúil amach.

Nuair a fuair a athair bás, ba faoin gceannaire óg a bhí sé feachtas a athar a chríochnú agus na Lochlannaigh a dhíbirt as an gceantar faoi dheireadh agus faoi dheoidh. Ach nuair a scaip scéal an bhua a bhain Somhairle amach ar fud na dúiche, tháinig cáil air mar cheannaire cumasach. Rith sé le pobail eile a bhí á n-ionsaí ag na Lochlannaigh gurbh fhéidir go raibh ceannaire nua tagtha ar an bhfód — ceannaire a d'fhéadfadh fuascailt a bhaint amach do na Gaeil go léir a bhí faoi ionsaí in Albain.

13

Lá amháin, bhí Somhairle ag ligean a scíthe ag iascaireacht in abhainn bheag a ritheann isteach i Loch Álainn — an Ghearrabhainn — nuair a tháinig slua fear anuas an gleann chuige. D'fhan Somhairle socair agus lean air ag iascaireacht. Bhí sé ag iarraidh bradán ar leith a thabhairt i dtír. Nuair a chonaic sé scáil na bhfear san uisce agus iad laistiar dó, d'fháiltigh sé rompu agus d'fhiafraigh sé díobh cad a bhí uathu. D'inis na cuairteoirí a scéal. Mhínigh siad dó gur de Chlann Mhic Aonghais iad agus go raibh na Lochlannaigh tar éis ionradh mór a dhéanamh orthu agus iad a dhíbirt as a gcuid tailte. Dúirt siad go raibh a dtaoiseach tar éis bás a fháil i gcaismirt leis an namhaid roinnt laethanta roimhe sin. Bhí cloiste ag na strainséirí seo faoi ghaisce Shomhairle in aghaidh na Lochlannach agus d'inis siad dó gurbh é mian a gcuid ceannairí ná go mbeadh Somhairle mar thaoiseach orthu, dá mba é sin a thoil. Chreid siad go n-éireodh leo faoina cheannaireacht siúd an lámh in uachtar a fháil ar na Lochlannaigh.

"Fan bog go fóill!" arsa Somhairle. "Tá bradán

ar leith san abhainn seo agus má éiríonn liom breith air, glacfaidh mé le bhur dtairiscint!"

D'fhan lucht Mhic Aonghais go foighneach, ach ní raibh orthu fanacht i bhfad. Nóiméad ina dhiaidh sin, thug Somhairle bradán ollmhór as an abhainn agus bhí an margadh déanta. Tá íomhá den bhradán sin anois in armas Chlann Dónaill Shléite, sliocht Shomhairle.

Chuir Somhairle eagar ar an mbuíon nua a bhí aige — arm comhghuaillíochta idir a mhuintir féin, na hUltaigh a bhí tar éis teacht go hAlbain lena athair, agus trodaithe Chlann Mhic Aonghais — agus níorbh fhada go raibh buillí móra buailte ar na Lochlannaigh acu. I gcath mór amháin, in aice le Loch Uisce, rug arm Shomhairle bua mór ar na Lochlannaigh agus chuir ar teitheadh iad. Theith siad síos ar bhruacha Loch Sunairt, na Gaeil ina ndiaidh ar feadh an ama. Rug fórsa Shomhairle ar thaoiseach na Lochlannach ansin, fear darbh ainm Tarcall, agus mharaíodar é. Tá Áth Tharcaill mar ainm ar an áit sin go dtí an lá seo féin.

De réir a chéile, chuir an t-arm nua an ruaig ar

an namhaid go dtí nach raibh Lochlannach ar bith fágtha i Múile ná i Muirbhearn. Dhírigh Somhairle ar an gcuid eile d'Oirear Gael ansin agus bhris sé cath ar na Lochlannaigh in aon áit a rabhadar. Aon uair a fuair sé an deis, ghabh Somhairle longa na Lochlannach agus d'úsáid iad ina n-aghaidh. Sa deireadh, bhí seilbh iomlán ag an taoiseach nua ar Oirear Gael agus ar na hoileáin, ach amháin Tuaisceart Inse Gall, áit a raibh na Lochlannaigh an-láidir i gcónaí.

Shocraigh Somhairle isteach mar thaoiseach ar an stráice mór de mhórthír agus d'oileáin na hAlban a bhí anois ina sheilbh, agus thug sé a mhóid nach n-éireodh leis na Lochlannaigh a chuid tailte a bhaint de athuair. Chun a chinntiú nach dtarlódh sé sin arís go deo, chuir Somhairle tús le feachtas mór chun longa a thógáil. Ba é an buntáiste ba mhó a bhí ag na Lochlannaigh ná an long fhada. Bád láidir ab ea an long fhada, long a d'fhéadfadh achar fada a thaisteal. D'úsáideadh na Lochlannaigh iad chun trodaithe, earraí agus fiú amháin sclábhaithe a thabhairt thar farraige. Thugadh an long fhada buntáiste mór dóibh i gcónaí. Bheartaigh Somhairle an buntáiste sin a fháil dó féin. Rinne sé scrúdú géar ar an long fhada agus ansin chuir sé a thógálaithe bád féin ag obair ar leagan feabhsaithe den long a dhéanamh.

An chéad rud a rith le Somhairle ná go gcaithfeadh longa fada na Lochlannach a bheith mór agus láidir go leor chun taisteal idir na Tíortha Ceilteacha agus Críoch Lochlann ar fharraigí cáite. Ach d'fhág an toirt a bhí iontu go raibh sé deacair iad a láimhseáil in inbhir thanaí. Dhear Somhairle a chuid long sa tslí is go mbeidís beagáinín níos lú ná longa na Lochlannach, rud a thabharfadh an buntáiste dósan maidir le longa a chasadh i gcuanta cúnga. Ina theannta sin, chuir sé suíocháin dhaingne isteach le haghaidh na rámhaithe.

Ba é an rud ba réabhlóidí a rinne Somhairle, áfach, ná stiúir ar insí a chur leis na báid, rud a chuir ar chumas an fhir stiúir smacht níos fearr a bheith aige ar an stiúrú. Cleas eile a cheap sé ab ea ciseán a ghreamú den chrann seoil i lár an bháid a bhféadfadh fear seasamh ann. D'fhéadfaí an ciseán

a ardú ansin go barr an chrainn seoil chun saighde a chaitheamh leis an namhaid nó chun an treo a shoiléiriú do na rámhaithe i gcorp an bháid.

Nuair a bhí an dearadh agus an obair críochnaithe, bhí longa ar leith ag Somhairle. Leis na longa sin, d'fhéadfaí cumarsáid mhaith a choimeád ar bun idir na hoileáin agus na poirt go léir ina ríocht agus trodaithe a bhogadh go tapaidh chun tabhairt faoi aon fhórsa Lochlannach a thiocfadh isteach i bhfarraige Oirear Gael. Ní bheadh aon eagla ar a arm siúd aghaidh a thabhairt ar na Lochlannaigh ar an bhfarraige feasta. Naomhóga a tugadh ar na longa nua.

I dtosach, choimeád Somhairle a naomhóga go léir ag Ard Toirinis. Ansin thóg sé an dara port ag Dún Naomhóg ar chósta oirdheisceart Íle. Ina dhiaidh sin, thóg sé ceann eile i dTreisinse agus ansin thóg sé port mór agus caisleán ar oileán beag amach ó Íle, Oileán Fraoigh. Bhí an taoiseach nua ag bailiú nirt. Leis na poirt mhara sin go léir, bhí ar chumas Shomhairle smacht iomlán a fháil ar an bhfarraige. As sin amach, ba é an rosc catha a bhí ag sliocht Shomhairle, Clann Mhic Dhónaill, ná *Oileán Fraoigh!*

Leis na naomhóga go léir a bhí ag Somhairle, d'éirigh leis gréasán cumarsáide sármhaith a bhunú ar fud a ríochta. Bhí sé in ann córas éifeachtach riaracháin a chruthú agus cáin a bhailiú. Bhí sé in ann beithígh agus éisc a bhogadh ó áit go háit. Bhí sé in ann coirce, cruithneacht agus bia eile a aistriú go dtí áiteanna a raibh gá leo. Bhí sé in ann teachtaireachtaí a chur agus an nuacht ba dhéanaí a fháil. Agus in aimsir chogaidh, bhí sé in ann arm láidir a bhailiú le chéile go tapaidh. Agus cogadh ar bun, thógfadh naomhóga Shomhairle fiche rámhaí. Bhí sé de dhualgas ar gach fiche teach naomhóg a chothabháil. D'fhág sé sin nach raibh ach fear amháin as gach teach ag teastáil chun an naomhóg a choimeád ar an bhfarraige in aimsir chogaidh, cé gur mhinic a iarradh beirt.

Timpeall ar an mbliain 1140, phós Somhairle bean darbh ainm Ragnhild. Pósadh polaitiúil a bhí ansin mar gur iníon le hAmhlaoibh Rua, rí

Lochlannach Mhanann, ab ea í siúd. Bhí Somhairle neartaithe go mór ina ríocht farraige faoin am sin agus theastaigh uaidh a áit i gcóras polaitíochta an réigiúin a chinntiú. Bhí na Lochlannaigh fós i gceannas ar thuaisceart réigiún na n-oileán — Inse Orc agus Tuaisceart Inse Gall — agus ar dheisceart an réigiúin — Oileán Mhanann. Bhí ríocht Shomhairle sáite idir an dá mhórlimistéar cumhachta sin. Bhí sé ciallmhar slí a lorg chun comhghuaillíocht a dhéanamh le ceann amháin nó le ceann eile de na ríochtaí eile. Ceannaire ciallmhar stuama ab ea Amhlaoibh Rua, agus bhí sé i gceannas ar feadh i bhfad.

Lena chomhghuaillíocht nua le hAmhlaoibh Rua, bhí an deis ag Somhairle é féin a dhaingniú mar rí ar Oirear Gael agus ar na hOileáin. Thosaigh sé ag cur lena shaibhreas agus lena stádas mar rí. Níorbh fhada go raibh sé ar dhuine de na ceannairí ba chumhachtaí agus ba shaibhre sna tíortha Ceilteacha. Ach sa bhliain 1153, tharla dhá rud a bhí chun bagairt mhór a chur ar an stádas a bhí bainte amach ag Somhairle Mór. Cailleadh beirt fhear an bhliain sin — Amhlaoibh Rua, agus Dáibhí, rí na hAlban.

Sna blianta tosaigh dá réimeas, chuir Somhairle in aghaidh chumhacht rí na hAlban ina cheantar féin. Ba mhinic a tharla caismirtí idir fórsaí na beirte ar theorainneacha Oirear Gael. Ach, le himeacht aimsire, d'fhás caidreamh maith idir an ceannaire óg uaillmhianach agus an rí gaoiseach agus d'éirigh siad an-mhór lena chéile. Bhí siad chomh cairdiúil sin lena chéile gur thosaigh naimhde Shomhairle ag cur síos air mar ghiolla de chuid an rí. Anois, bhí Dáibhí faoin bhfód agus bhí ceisteanna in aigne Shomhairle — cé a thiocfadh i gcomharbacht ar an rí agus conas a réiteoidís leis siúd? Tar éis tamaill, d'éireodh freagraí na gceisteanna sin soiléir.

Maidir le hOileán Mhanann, bhí na ceisteanna céanna ag Somhairle ach sa chás sin thosaigh na freagraí ag éirí soiléir go tapaidh. Ar bhás Amhlaoibh, tháinig mac leis, Godraidh, i gceannas ar Mhanainn, agus chuir seisean tús le tíoránacht mhór ar mhuintir an oileáin.

Fear crua ab ea Godraidh. An bhliain sular cailleadh a athair, d'imigh sé go dtí an Iorua chun cuairt a thabhairt ar rí na hIorua, Inge. Ansin, thug triúr ceannairí Lochlannacha as Baile Átha Cliath cuairt ar athair Ghodraidh, Amhlaoibh Rua. Ba mhic iad an triúr seo le deartháir le hAmhlaoibh, Arald, agus bhí siad ag éileamh go dtabharfadh Amhlaoibh leath Oileán Mhanann dóibh, móide roinnt de na hoileáin in Albain a raibh smacht aige orthu. Dhiúltaigh Amhlaoibh Rua d'éileamh an triúir agus dúirt leo imeacht leo ar ais go Baile Átha Cliath.

Leis sin, thóg duine den triúr — Raghnall — tua amach agus mharaigh an rí ar an toirt. Le slua fear a bhí tagtha leo ar a gcuairt, ghlac an triúr seilbh ar Mhanainn. Ansin, thug siad aghaidh ar Ghallghaelaibh i ndeisceart na hAlban, áit a bhíodh faoi smacht ag Amhlaoibh Rua, agus thriail siad seilbh a ghlacadh ar an áit sin. Theip go tubaisteach ar iarrachtaí an triúir ansin, agus bhí orthu filleadh ar Oileán Mhanann agus a gcuid fórsaí briste brúite.

Tháinig scéal dhúnmharú a athar chuig Godraidh agus é thall san Iorua. Gan mhoill, chuir sé fórsa le chéile, le cabhair Inge, agus thug sé aghaidh ar Oileán Mhanann. Ar an tslí, stad sé in Inse Orc, oileáin a bhí faoi riail dhocht na Lochlannach, agus bhailigh sé a thuilleadh fear. Nuair a bhain Godraidh Oileán Mhanann amach, ní raibh aon deacracht aige an lámh in uachtar a fháil ar an triúr, agus chuir sé chun báis iad.

Agus Godraidh i gceannas ar ríocht a athar faoi dheireadh, chrom sé ar dhrochshaol a thabhairt do mhuintir Mhanann. Ré shíochánta shocair ab ea ré Amhlaoibh Rua. Níor mar sin a bhí riail a mhic. Ghearr sé cáin ollmhór ar phobal an oileáin, chaith sé cuid mhaith de na hoifigigh a bhí ag a athair amach as oifig, agus bhain sé a gcuid talún de roinnt eile acu. Chuir sé chun báis aon duine a sheas ina choinne. Níorbh fhada go raibh cuid mhór de thaoisigh an oileáin ag lorg slí chun é a threascairt.

Ach ní in Oileán Mhanann amháin a bheadh dorn Ghodraidh le brath. Go gairid tar éis dó teacht i gcumhacht, ghlaoigh Godraidh a chuid ceannairí le chéile, agus d'inis sé dóibh faoin bplean nua a bhí aige. Bhí sé i gceist aige deireadh a chur le ríocht Shomhairle Mhóir agus ceannas a thógáil ar na hoileáin go léir chomh fada ó thuaidh le hInse Orc.

Chuir rí nua Mhanann a chuid tógálaithe bád ag obair go dian. Theastaigh uaidh céad bád nua a bheith aige roimh dheireadh na bliana chun ionsaí mór a dhéanamh ar Shomhairle. Theastaigh uaidh deireadh a chur le ríocht Shomhairle trí ionradh gan choinne a dhéanamh air. Sula mbeadh a fhios ag taoiseach Oirear Gael cad a bhí ar siúl, bheadh longa fada Lochlannaigh Oileán Mhanann ar fud a ríochta agus bheadh a chuid fórsaí deighilte agus scriosta.

Roghnaigh Godraidh tréimhse na Nollag chun a ionsaí a dhéanamh. Bhí sé deimhneach go mbeadh Somhairle agus a chuid fórsaí ag ligean a scíth i rith na féile agus nach mbeidís ag súil le hionsaí an tráth sin bliana. Go luath Lá Nollag na mBan, chuir sé chun farraige.

Ach ní raibh Somhairle díomhaoin i rith an

ama sin, ach an oiread. Deirfiúr le Godraidh ab ea bean chéile Shomhairle, Ragnhild, agus thuig sise go maith cén sórt duine ab ea mac Amhlaoibh Rua. Bhí a fhios ag Somhairle, mar sin, nárbh fhada go mbeadh an rí nua ag caitheamh a shúl thar chuid Shomhairle, agus é ag beartú ríocht ollmhór a bhaint amach dó féin. Bhí rud eile ar eolas ag Somhairle freisin, áfach — thuig sé nach raibh aon ghrá ag pobal Oileán Mhanann do Ghodraidh. I ngan fhios do Ghodraidh, bhí taoiseach amháin de chuid Mhanann, a bhí curtha as seilbh aige, tar éis cuairt a thabhairt ar Shomhairle. Thorfinn mac Ottair ab ainm don taoiseach sin agus bhí sé i gceist aige díoltas — agus seilbh athuair — a bhaint amach.

D'inis Thorfinn a scéal do Shomhairle. D'inis sé dó faoin tíoránacht a bhí ar siúl ag Godraidh i Manainn. D'inis sé dó faoin éagóir agus faoin slad a rinneadh ar sheantaoisigh Amhlaoibh Rua agus faoin ngéarleanúint a bhí ar siúl ar aon duine a sheasfadh an fód in aghaidh an rí nua. D'iarr sé ar Shomhairle fórsa a chur go Manainn chun Godraidh a threascairt agus duine de chlann Shomhairle a cheapadh ina rí ar an oileán. Ach níor ghá do Shomhairle dul go Manainn chun aghaidh a thabhairt ar Ghodraidh. Bhí a chuid gníomhairí i Manainn tar éis rabhadh a thabhairt dó faoi ionradh Nollag Ghodraidh. Bhí Somhairle ullamh dó.

Mar sin, oíche fhuar fheannaideach, mí Eanáir na bliana 1156, tháinig ochtó long de chuid Ghodraidh go mall i dtreo Íle. Geimhreadh an-chrua ab ea an geimhreadh sin. Thuairiscigh Annála na gCeithre Máistrí go raibh *"sneachta mór agus reo mór ann … gur reoigh locha agus aibhneacha na hÉireann agus gur maraíodh cuid mhór d'éin na hÉireann le méid an tsneachta agus an reo."* Bhí súil ghéar ag ceannairí na long ar réalt an tuaiscirt agus iad ag iarraidh a gcúrsa a leanúint i dtreo na sprice. Bhí creach mhaith geallta do gach duine de na trodaithe a bhí ag rámhaíocht leo go mall faoi sholas na gealaí. Thuig Godraidh gur ag Dún Naomhóg a bhí ceanncheathrú Shomhairle Mhóir, agus bhí sé i gceist aige ionsaí fíochmhar a dhéanamh ar an gcaisleán ansin chun deireadh a chur le seansanna a namhad troid ar ais. Agus radharc á fháil acu ar an Dún, thug stiúrthóir na loinge ceannais comhartha do na longa eile moilliú. Láithreach, mhaolaigh ar bhuillí boga na Lochlannach agus iad ag díriú ar ceanncheathrú Shomhairle.

Go hobann, chonacthas lear mór bád ag déanamh isteach ar na longa — naomhóga ab ea iad. Bhí siad tar éis briseadh isteach ar na longa laistiar sula raibh siad tugtha faoi deara, fiú amháin, ag na longa eile. Ansin, chualathas an liúireach "Oileán Fraoigh! Oileán Fraoigh!" Bhí fórsaí Shomhairle Mhóir ar an ionsaí!

Bhí Somhairle tar éis a chuid bád a choimeád ullamh amach ó chósta Íle agus na ciseáin radhairc ar a mbarr a úsáid chun an namhaid a fheiceáil ag teacht. A luaithe is a bhí na longa imithe thar bráid, amach le naomhóga Shomhairle. Réab na naomhóga isteach i gcolún Ghodraidh mar a bheadh scian san im. Faoin am gur thuig na longa tosaigh go raibh siad faoi ionsaí, bhí an tríú cuid acu imithe go tóin poill nó curtha trí thine. Thriail ceannairí na long a bhfórsaí a chasadh i dtreo an

ionsaithe ach bhí siad mall i gcomparáid leis na naomhóga, soithigh a bhí níos gasta san uisce. De réir a chéile, áfach, d'éirigh le fórsaí Ghodraidh díriú ar an namhaid agus thosaigh cath fíochmhar a lean ar aghaidh go dtí briseadh an lae.

Agus an lá ag breacadh os cionn Chaol Íle, bhí an dá chabhlach tar éis an-ghreadadh a thabhairt dá chéile. Bhí siad go léir spíonta. Bhí teipthe ar Ghodraidh geit a bhaint as fórsaí rí Oirear Gael, ach ní raibh na hacmhainní ag Somhairle deireadh a chur le fórsaí Ghodraidh ar fad. Aontaíodh sos lámhaigh.

An lá dár gcionn, chaith an dá fhórsa a gcuid ama ag bailiú na marbh agus na bhfear gortaithe as an uisce agus ag deisiú a raibh fágtha acu dá longa. Ar chósta Íle, rinne an dá rí agus a gcuid comhairleoirí plé ar a raibh le déanamh chun deireadh a chur leis an aighneas. Sa deireadh, bhí toradh acu. D'aithneodh Somhairle Godraidh mar rí ar Mhanainn agus Tuaisceart Inse Gall, ach d'aithneodh Godraidh Somhairle mar rí ar Oirear Gael agus Deisceart Inse Gall. In ionad Somhairle a scriosadh, bhí ar Ghodraidh é a aithint anois mar rí a bhí chomh láidir leis féin.

Bhí bua cáiliúil bainte amach ag Somhairle. Leis an mbua sin, bhí a chumhacht mar rí daingnithe, go háirithe ar na hoileáin ina ríocht a bhíodh faoi bhagairt ag na Lochlannaigh. Ina theannta sin, bhí an bád nua a bhí deartha aige, an naomhóg, tar éis an lámh in uachtar a fháil ar longa fada cáiliúla na Lochlannach. Mar cheiliúradh, ceapadh séala nua do Shomhairle ar a dtaispeántar naomhóg, ina bhfuil Somhairle agus triúr dá mhic. Tá an ciseán radhairc le feiceáil ann agus dréimire chun dul suas chuige, agus an stiúir nua a cheap Somhairle. Tugtar Séala Mór Íle ar an séala sin agus tá sé fós le feiceáil sa lá atá inniu ann.

Ach níorbh é Godraidh an t-aon namhaid a bhí ag Somhairle. Ar feadh na gcéadta bliain, ba ríthe Gaelacha iad ríthe na hAlban agus labhraíodh formhór na ndaoine in Albain an teanga chéanna is a labhraíodh na daoine in Éirinn agus in Oileán Mhanann — an Ghaeilge. Ina theannta sin, dhéantaí iad a oirniú mar ríthe ar Lia Fáil, an chloch ar a ndéantaí ríthe na hÉireann a oirniú na céadta bliain roimhe sin. Ba é an teaghlach ríoga a bhí i gceannas ar Albain in aimsir Shomhairle ná Teach an Chinn Mhóir — an ceannaire mór. Rítheaghlach Gaelach ab ea iad. Bhí mac ag an rí Maol Choilm Ceann Mór. Donncha II ab ainm dó agus bhí sé ina rí ina dhiaidh, ach nuair a fuair a bhean bás phós Maol Choilm bean as Sasana, Mairéad. Le teacht Mhairéad, tháinig athrú cultúir ar theaghlach ríoga na hAlban. Chuir Mairéad ainmneacha gallda ar a clann — Éadbhard, Éadghar, Éamonn, Éalrad, Dáibhí agus Alsandar. Ina theannta sin, chuir sí ar chumas na Normannach agus na Sasanach tionchar mór a imirt ar chúrsaí na hAlban. De réir a chéile, tháinig laghdú ar thionchar na nGael. Bhí duine de mhic Mhairéad, Dáibhí, ina rí ar Albain le linn an ama a raibh Somhairle ag forbairt a ríochta féin in Oirear Gael agus Inse Gall. De réir a chéile, d'éirigh le Somhairle caidreamh maith a bhunú le Dáibhí, agus réitigh an bheirt acu lena chéile. Ach nuair a cailleadh Dáibhí sa bhliain 1153, tháinig athrú ar an scéal.

An chéad rud a tharla nuair a ceapadh Maol Choilm IV mar chomharba ar Dháibhí ná gur éirigh cuid mhaith de na Gaeil amach ina choinne toisc nár roghnaíodh é ar an tslí Ghaelach. Clann le Maol Choilm Mac Aodha, taoiseach Gaelach eile a bhí tar éis éirí amach in aghaidh ríthe an Chinn Mhóir, a bhí i gceannas ar an éirí amach sin. Bhí a n-athair fós i bpríosún tar éis do na Sasanaigh é a ghabháil agus é a thabhairt ar láimh do rí na hAlban. Deirfiúr le Somhairle ab ea a máthair, agus thacaigh Somhairle leis an éirí amach. Ach tháinig deireadh leis an éirí amach sin ar dhá chúis. An chéad rud ná gur tháinig na Normannaigh i Sasana isteach go láidir ar thaobh Mhaol Choilm IV. Gabhadh Dónall, mac le Maol Choilm Mac Aodha ansin. Cúis eile le teip an éirí amach ab ea gur tháinig aicíd ait ar na beithígh feirme agus gur tharla gorta i measc na ndaoine. Thit an tóin as an éirí amach ansin.

Faoin am gur ceapadh Maol Choilm IV ina rí ar Albain mar chomharba ar Dháibhí, bhí tionchar na Normannach éirithe ollmhór. Tógadh

Maol Choilm IV féin i measc na Normannach i Londain Shasana ó bhí sé an-óg, agus bhí sé go hiomlán faoina smacht. Ina theannta sin, ní raibh an rí nua ach dhá bhliain déag d'aois agus níorbh fhada gur thosaigh na Normannaigh ina chúirt á threorú. Bhí súile santacha á gcaitheamh acusan ar ríochtaí na nGael in iarthar na hAlban, áiteanna a bhí á rialú de réir an chórais Ghaelaigh seachas de réir chóras na Normannach. Theastaigh uathu deireadh a chur leis sin agus na tailte a fháil dóibh féin. Thug an rí óg nua éisteacht dóibh, agus sa bhliain 1159 rinne siad gníomh.

An bhliain sin, bhailigh Maol Choilm IV fórsa ollmhór. De réir foinse amháin, bhí 10,000 fear ann. Bheartaigh comhairleoirí Mhaol Choilm IV an t-arm sin a dhíriú ar an taoiseach Gaelach ba láidre in Albain. Ba é Somhairle Mór an taoiseach sin. Siar a ghabh an t-arm mór agus cuspóir amháin acu — cumhacht Shomhairle Mhóir a bhriseadh. Mháirseáil arm Mhaol Choilm IV isteach i Lorn in Oirear Gael. Thosaigh siad ag réabadh agus ag dó rompu.

Nuair a tháinig an scéala chuig Somhairle go raibh ionradh mór á dhéanamh, bhailigh sé féin a chuid fórsaí le chéile. A luaithe agus a d'fhéadfaidís, tháinig trodaithe Shomhairle thar muir is thar tír chun a ríocht a chosaint ar an ionsaí ollmhór. Nuair a tháinig an dá arm in aghaidh a chéile, áfach, bhí fadhb ag Somhairle. Ní raibh ach cúig mhíle fear aige chun seasamh in aghaidh an airm eile.

Ach, bhí spreagadh amháin ag fórsaí Shomhairle nach raibh ag arm Mhaol Choilm IV — bhí siad ag troid chun a dtalamh féin a chosaint. Go moch ar maidin, thug an dá arm aghaidh ar a chéile. Sular thosaigh an cath, thug ceannaire arm rí na hAlban rogha do Shomhairle — tabhair Oirear Gael don rí, agus fágfaidh sé na hoileáin agat. Dhiúltaigh Somhairle. Ansin, thosaigh an cath. Throid an dá arm in aghaidh a chéile ar feadh an lae, agus nuair a bhí an oíche ag titim, bhí an toradh soiléir. Bhí 7,000 fear de chuid arm Mhaol Choilm IV marbh agus 2,000 d'fhir Shomhairle. Chúlaigh a raibh fágtha d'arm rí na hAlban agus d'imigh siad abhaile.

Bhí bua tábhachtach eile bainte amach ag Somhairle. Mar thoradh ar an gcath sin, rinne Maol Choilm IV conradh síochána cúig bliana leis. Díreach mar a bhí sé tar éis na hoileáin a chosaint ar ionradh Ghodraidh, bhí Somhairle tar éis an mhórthír a chosaint ar ionradh Mhaol Choilm IV. Bhí Somhairle Mór níos daingne ná riamh ina thaoiseach ar Oirear Gael agus Inse Gall.

Ní ar chúrsaí cogaíochta amháin a bhí Somhairle dírithe. Ghlac sé páirt mhór i gcosaint an chultúir Ghaelaigh ar ionradh na Normannach. Sa bhliain 1164, mar shampla, rinne sé iarracht mainistir Í Cholm Cille, an mhainistir a bhunaigh Colm Cille Naofa sa bhliain 563 agus a bhí mar ionad naofa ag idir Ghaeil agus Ghaill, a chosaint ar chur isteach ó na Normannaigh. Chuir Somhairle agus a chuid ceannairí go léir in Oirear Gael agus Inse Gall ambasadóirí ó Í Cholm Cille chuig Flaitheartach Ó Brolcháin, ab Dhoire agus comharba Cholm Cille, chun a iarraidh air glacadh le habacht Í. Bhí eagla orthu go gcuirfeadh na Normannaigh duine isteach mar ab. Bhí an Sagart Mór Aibhistín, an

Léachtóir Dúsaí, an Díseartach Mac Giolla Dhuibh, agus ceannaire na gCéilí Dé, mac Fhaircheallaigh, ar an toscaireacht a chuir Somhairle amach. Gluaiseacht ársa díthreabhach ag na Gaeil ab na Céilí Dé. Chuir Ard-Easpag Ard Mhacha, Giolla Mac Liag, rí na hÉireann, Muircheartach Ó Lochlainn, agus uaisle Chineál Eoghain brú ar an ab fanacht mar a raibh sé, áfach.

B'éigean do Shomhairle a aird a dhíriú ar bhagairt eile sa bhliain 1158, áfach. An bhliain sin, sheol sé 53 long go Manainn agus dhíbir Godraidh. Tá an chuma ar an scéal go raibh taoisigh an oileáin tar éis a iarraidh ar Shomhairle Godraidh a threascairt.

Nuair a tháinig slua láidir Shomhairle i dtír, theith Godraidh agus thug na cosa leis ar long go dtí an Iorua. De réir sheanchas an oileáin, tharla eachtra ait le linn an ionraidh. Theastaigh ó Ghiolla Choilm, ceannaire láidir de chuid Shomhairle, an t-ór a ghoid as Teampall Machaoi. Naomh cáiliúil de chuid Oileán Mhanann ab ea Machaoi. De réir an tseanchais, foghlaí mara Éireannach a bhí

ann ach rug Pádraig Naofa air agus dúirt leis dul ar an bhfarraige i gcurach beag gan maidí rámha mar phionós. Tháinig Machaoi i dtír in Oileán Mhanann, áit ar éirigh sé naofa, agus bhunaigh sé teampall. Thug Somhairle ordú do Ghiolla Choilm gan aon ghadaíocht a dhéanamh á rá nach chun ór a ghoid ó na naoimh a tháinig sé go Manainn.

Ghlac an tsaint seilbh ar Ghiolla Choilm, áfach, agus bhailigh sé scata fear le chéile chun an teampall a chreachadh. I lár na hoíche, bhailigh na creach-adóirí timpeall ar an Teampall agus réab siad an doras isteach. "Seasaigí siar", arsa Giolla Choilm, "agus leanaigí mise isteach!" Isteach leis sa dorchadas, a scian ina láimh aige chun an t-ór a ghearradh as na dealbha naofa. Go hobann, áfach, thit sé thar an táirseach agus tháinig sé anuas ar a scian féin. Tháinig alltacht ar a lucht leanúna nuair a chonaic siad Giolla Choilm chomh marbh le hart ar an urlár!

Tar éis tamaill, tharraing Somhairle siar as Oileán Mhanann agus d'fhill Godraidh, ach bhí smacht ar an rí danartha faoi dheireadh. Ach sa bhliain 1164, tháinig an tseanbhagairt ó rí na hAlban arís. Bhí an conradh síochána a rinneadh cúig bliana roimhe sin istigh. Bhí a fhios ag Somhairle ón bhfaisnéis a bhí faighte aige óna chuid gníomhairí go raibh comhairleoirí Mhaol Choilm IV ag moladh dó ionsaí eile a dhéanamh ar Shomhairle. Theastaigh uathu go ndéanfaí iarracht eile ar an gceannaire Gaelach a threascairt agus seilbh a ghlacadh ar a ríocht. Cheana féin, bhí Maol Choilm IV tar éis ionsaí a dhéanamh ar Ghall-ghaelaibh agus taoiseach na dúiche sin, Fearghas, a chloí. Bheartaigh Somhairle teacht roimh an ionsaí air féin.

Chrom Somhairle ar arm mór a chur le chéile. I dteannta a chuid fear as Oirear Gael agus Inse Gall, fuair Somhairle tacaíocht ó throdaithe Gaelacha as Cúige Uladh agus trodaithe Lochlannacha as Baile Átha Cliath. Nuair a bhí sé ullamh chun aghaidh a thabhairt ar Mhaol Choilm IV, bhí fórsa ollmhór fear agus 160 naomhóg bailithe le chéile aige. Bhí Somhairle sásta go raibh arm aige a d'fhéadfadh an lámh in uachtar a fháil ar Mhaol Choilm IV agus

b'fhéidir, fiú amháin, ríocht na hAlban a bhaint amach dó féin.

Sheol sé a longa suas an Chluaidh chun teacht roimh an bhfeachtas a bhí á réiteach ina choinne. Sheol an cabhlach ollmhór thar Dhún Breatan agus chuaigh ar ancaire san áit a dtagann an Chluaidh agus abhainn an Pháislig le chéile. Ansin, rinne Somhairle dearmad — dearmad marfach. D'fhág sé a arm i gcampa agus chuaigh seisean le díorma beag i dtreo Rinn Friú. Bhí teachtaireachtaí á gcur idir Somhairle agus Maol Choilm IV ar feadh an ama, agus bhí an chuma ar an scéal go raibh seans ann conradh síochána eile a chomhaontú. Gan choinne, áfach, tháinig díorma beag Shomhairle faoi ionsaí ó bhuíon ridirí Normannacha. Rinne na Normannaigh slad ar dhíorma beag Shomhairle agus mharaigh siad Somhairle féin agus mac leis. Bhí Somhairle Mór, Taoiseach Oirear Gael agus Inse Gall, ar lár. A gceannaire imithe, d'ardaigh arm Shomhairle a n-ancairí agus d'imigh abhaile.

Bhí ceathrar mac agus iníon amháin ag Somhairle le Ragnhild — Dubhghall, Raghnall,

Aonghas, Amhlaoibh agus Beathóg. Bhí mac eile ag Somhairle — Giolla Choilm mac Scillín — le bean as Aontroim. Ba é Giolla Choilm an mac a fuair bás lena athair an lá mí-ámharach sin i Rinn Friú. Bhí Amhlaoibh tar éis bás a fháil roimhe sin. Bean chráifeach ab ea Beathóg agus bhí sí ina máthairab in Í Cholm Cille.

Ar an nós Gaelach, roinneadh ríocht Shomhairle Mhóir ar an gclann mhac a bhí fágtha. Fuair mac le Giolla Choilm seilbh ar Oirear Gael agus roinneadh na hoileáin idir an triúr mac eile — Dubhghall, Raghnall agus Aonghas.

Ba as Somhairle a shíolraigh roinnt de na teaghlaigh Ghaelacha ba chumhachtaí in Albain. Mac le Raghnall ab ea Dónall, an fear as ar shíolraigh Clann Dónaill. B'as mac eile le Raghnall, Ruairí, a shíolraigh Clann Mhic Ruairí. Ba as Dubhghall a shíolraigh Clann Dubhghaill Loirn.

Níl a fhios go cruinn cén áit go díreach a cuireadh corp Shomhairle Mhóir. Tar éis a bháis, thóg manaigh Pháislig an corp isteach ina mainistir. Deirtear gur tugadh ar bhád é ansin go dtí Í Cholm

Cille chun go gcuirfí sa reilig ansin é. Deir cuntas eile gur in aice le hAlt na Manach i Mainistir Shadal i gCionn Tíre a adhlacadh é, mainistir a bhunaigh sé féin. Pé áit ar cuireadh an taoiseach mór, lean Tiarnas na nOileán, an ríocht Ghaelach a bhunaigh sé, ar aghaidh go ceann trí chéad bliain tar éis a bháis. Agus fanann a chuimhne beo i stair Ghaeil Alban go dtí an lá seo féin.

Seacht gcéad bliain tar éis a bháis, bhí fear ag bailiú dánta i measc mhuintir na hAlban. Fuair sé an dán beag seo a leanas ag moladh an chrainn úll:

Craobh na n-úll, go raibh Dia leat
Go raibh gealach, go raibh grian leat
Go raibh gaoth anoir is aniar leat
Go raibh Dúile móra na sian leat
Go raibh gach ní a tháinig riamh leat
Go raibh Somhairle Mór is a chliar leat.

Scéalta Staire
MÁNAS Ó DÓNAILL
SEÁN Ó NÉILL
TOIREALACH Ó CEARÚLLÁIN
TADHG DALL Ó HUIGINN
FIACHA MAC AODHA Ó BROIN
NAOMH PÁDRAIG
GRÁINNE MHAOL NÍ MHÁILLE

ar fáil ó:
Leabhar Breac,
Indreabhán, Conamara
091-593592